AF494470

18 février 1892

Collection F. D***

BEAUX

COSTUMES DE STYLES

XVe, XVIe, XVIIe ET XVIIIe SIÈCLES

ARMES ET ARMURES

OUVRAGES PRÉCIEUX

AQUARELLES ET DESSINS

Relatifs à l'Histoire du Costume

COMMISSAIRES-PRISEURS

Me Paul AULARD — Me G. DUCHESNE

EXPERTS

M. A. DUREL — M. A. BLOCHE

PARIS — [illegible]

A. MAULDE & C

CATALOGUE

DES INTÉRESSANTS

COSTUMES DE STYLES

XVᵉ, XVIᵉ, XVIIᵉ ET XVIIIᵉ SIÈCLES

En magnifiques Étoffes brodées, brochées et ornementées

AUTRES DE LA PÉRIODE RÉVOLUTIONNAIRE ET DE LA RESTAURATION

Riches Costumes Orientaux

Ayant été exécutés d'après les Documents historiques ou les Dessins de Maîtres

ARMES ET ARMURES

POUR COSTUMES ET PANOPLIES

Bijoux, Harnachements, Buffleterie, Accessoires, Tapis de Tables

PRÉCIEUX OUVRAGES, AQUARELLES ET DESSINS

Relatifs à l'Histoire et à l'Art du Costume

FORMANT LA PREMIÈRE PARTIE

DE LA COLLECTION DE M. F. D***

ET DONT LA VENTE AURA LIEU

HOTEL DROUOT, SALLE Nº 8

Les Jeudi 18 et Vendredi 19 Février 1892

A DEUX HEURES UN QUART

PAR LE MINISTÈRE DE :

Mᵉ Paul AULARD	**Mᵉ Georges DUCHESNE**
COMMISSRE-PRISEUR	COMMISSRE-PRISEUR
Rue Saint-Marc, 6	Rue de Hanovre, 6

ASSISTÉS :

Pour les Livres, de :	*Pour les Costumes et Armes, de :*
M. A. DUREL	**M. A. BLOCHE**
EXPERT-LIBRAIRE	EXPERT PRÈS LA COUR D'APPEL
Rue de l'Ancienne-Comédie, 21	Rue de Châteaudun, nº 25

Chez lesquels on trouve le Catalogue

EXPOSITION PUBLIQUE

Le Mercredi 17 Février 1892, de 2 heures à 6 heures

CONDITIONS DE LA VENTE

Elle aura lieu au comptant.

Les Acquéreurs paieront, en sus des adjudications, CINQ CENTIMES PAR FRANC, applicables aux frais.

Aucune réclamation ne sera admise une fois l'adjudication prononcée.

AVIS IMPORTANT

Nous recommandons tout particulièrement cette vente aux peintres et aux amateurs, tous ces costumes ayant été exécutés d'après les documents les plus authentiques, et toutes les coupes et formes étant d'une parfaite exactitude.

La Vente des Livres, Aquarelles et Dessins aura lieu le Jeudi 18 Février.

A. MAULDE et Cie imprimeurs de la Compagnie des Commissaires-Priseurs, rue de Rivoli, 144 700—21364

DÉSIGNATION

COSTUMES

MOYEN AGE

1 — Jeanne d'Arc. *Costume du Sacre.* Une grande Robe en cuir blanc, ornée de dessins dorés, et peints à la main, piqués en relief; une paire Brassards dorés; une Jupe maille dorée; Bottes en cuir blanc, garnies de maille dorée; Ceinture en brocart d'or, avec épée à croisette recourbée et dorée; Fourreau en velours rouge; Éperons dorés; un Étendard en soie blanche brodé aux armes et portant le cri de Jeanne d'Arc, pour devise.

2 — Jeanne d'Arc. *Costume de cavalier.* Une Robe en drap blanc, découpée en flammes; manches en étoffe orientale, soie rouge brochée d'or; un Capuchon en drap bleu, découpé en flammes; une Ceinture de cuir piqué, avec poignard, garde en fer; un large Ceinturon en cuir piqué, avec escarcelle.

3 — Jeanne d'Arc. *Scène du bûcher.* Une Robe unie en drap blanc.

4 — *Costume de Chevalier français XVe siècle,* composé de: Un Pourpoint en peau de daim, clouté d'acier,

manches en damas de tapisserie; la Culotte en peau de daim, cloutée d'acier; Jupe de maille, dentelée; Calot de maille; Colletin d'acier; une paire de grandes Bottes, en cuir naturel; un Ceinturon; Épée (Voir N° 185 *Armes à la main*).

5 — *Costume d'un Homme d'armes XVe siècle,* composé de : Une Robe de maille, avec manches en drap vert, épaulières de mailles; une Dalmatique courte, en drap de trois couleurs : vert, rouge, jaune, cloutée d'acier; un Casque couvre-nuque; un Fauchard rouge.

6 — *Autre Costume analogue.*

7 — *Costume de Seigneur XVe siècle*, composé de : Une Robe en velours vert de gris, bordée de fourrure; Chaperon.

8 — *Costume de Seigneur XVe siècle*, composé de : Une Robe en velours cramoisi, bordée de fourrure; Chaperon.

9 — *Costume de Seigneur XVe siècle*, composé de : Une Robe en velours rouge, bordée de fourrure; Chaperon.

10 — *Costume de Seigneur XVe siècle*, composé de : Une grande Robe en velours violacé, bordée de fourrure; Chaperon.

11 — *Costume de Seigneur XVe siècle*, composé de : Une grande Robe en brocart bleu broché, garnie fourrure blanche, grandes manches; une Coiffure.

12 — *Costume de Seigneur XVe siècle*, composé de : Une grande Robe en brocart rouge broché, garnie de fourrure blanche, grandes manches; une Coiffure.

13 — *Costume de Seigneur XVe siècle*, composé de : Une Robe courte en damas blanc, garnie fourrure noire; une Coiffure.

14 — *Costume de Seigneur XVe siècle*, composé de : Une Robe courte en damas bleu, garnie de fourrure ; une Coiffure.

15 — *Costume de Seigneur XVe siècle*, composé de : Une Robe courte en brocart fond bleu, garnie de fourrure ; une Coiffure.

16 — *Costume de Bourgeois XVe siècle*, composé de : Une Robe en drap marron, garnie fourrure.

17 — *Costume de Bourgeois XVe siècle*, composé de : Une Robe en drap noir, garnie de fourrure.

18 — *Costume de Bourgeois XVe siècle*, composé de : Une Robe en drap gris foncé, avec fourrure.

19 — *Costume de Bourgeois XVe siècle*, composé de : Une Robe en drap marron, garnie fourrure.

20 — *Costume de Bourgeois XVe siècle*, composé de : Une Robe en drap gris foncé, garnie fourrure.

21 — *Costume d'Homme du peuple*, composé de : Une Robe en drap couleur cuir ; les manches, bas de jupe, capuchon, en drap rouge, grenat.

22 — *Costume d'Homme du peuple*, composé de : Une Robe en drap couleur cuir clair ; manches, bas de jupe, drap couleur brique, capuchon.

23 — *Costume d'Homme du peuple*, composé de : Une Robe en drap rouge ; manches et bas de jupe en drap mastic ; un capuchon.

24 — *Costume d'Homme du peuple*, composé de : Une Robe en drap couleur cuir ; manches et bas de jupe en drap bleu, capuchon.

25 — *Costume de Moine-Inquisiteur*, composé de : Une Robe en drap noir ; un grand Manteau à capuchon, en drap noir, doublé laine blanche, Sandales.

26 — *Costume de Moine mendiant,* composé de : Une Robe de bure ; Cordelière ; Sandales.

XVIe SIÈCLE

27 — *Costume de gentilhome*, composé de : un Justaucorps en soie noire, manches de soie marron ; une Trousse en velours, avec bandes de soie marron. Le costume relevé de passementerie chenille et or.

28 — *Costume de gentilhomme*, composé de : un Justaucorps, en velours bleu foncé, manches de drap couleur brique, à bandes de velours ; Trousse en drap couleur brique, avec passementerie acier.

29 — *Costume de gentilhomme*, composé de : un Justaucorps velours vert, manches en soie couleur brique ; une Trousse couleur brique.

30 — *Costume de cavalier*, composé de : un Pourpoint à l'espagnole, manches tailladées, en drap couleur cuir ; une Trousse en velours noir, bandes en drap couleur jaune cuir. Le costume entièrement orné de passementerie noire.

31 — *Costume de gentilhomme,* composé de : un Pourpoint de velours noir, garni de passementerie ; une Trousse de satin noir, à bandes de velours noir ; un Manteau en velours de Gênes, doublé soie noire.

32 — *Costume de gentilhomme*, composé de : un Pourpoint marron ; une Trousse soie marron, passementerie or ; une Cape à capuchon, soie marron, bordée de velours grenat, passementerie or.

33 — *Costume très élégant de gentilhomme*, composé de : un Pourpoint en drap blanc, tailladé, doublé satin mauve ; une Trousse satin mauve. Ce costume

orné de passementerie or et mauve. Un Manteau velours violet tendre, doublé satin crème.

34 — *Manteau à l'espagnole*, avec Capuchon en soie, à dessins écailles, marron, garni de peluche marron et passementerie or.

35 — *Cape en velours noir*, ornée de passementerie en jais, doublée soie.

36 — *Cape espagnole*, en drap noir, galonnée de galons aux couleurs espagnoles (jaune et rouge).

37 — *Cape* analogue.

38 — *Cape de bourgeois*, en velours vert frappé, doublé de sileskine, bordée de velours noir.

HENRI IV

39 — *Costume de garde du roi*, composé de : un Pourpoint drap noir, manches en velours de Gênes; une Trousse velours noir; un Baudrier; Sac à balles; Poudrières (Harnachement complet).

40 — *Costume de gentilhomme*, composé de : un Pourpoint de velours noir, rehaussé d'ornements en jais; une Trousse en velours noir; une Cape matelassée, en soie, galonnée, doublée soie.

41 — *Costume de gentilhomme*, composé de : un Pourpoint en velours noir; une Trousse en velours noir.

42 — *Très beau Costume d'officier*, composé de : une Casaque en daim gris, riche passementerie or, avec manches en soie, vieux rose, à crevés; Trousse à lanières en daim gris, riche passementerie or; fond de Trousse en soie marron; un Manteau riche, en drap rouge groseille, riche passementerie or, boutons grelots; doublé soie vieux rose; riche Baudrier, Bottes daim gris, Chapeau feutre.

43 — *Costume de hallebardier, de la chambre du roi,* composé de : un Dalmatique en drap, à bandes rouge, blanche, bleu, avec manches en velours bleu, galonné; sur le plastron, les armes de France, brodées en relief, en or fin et soie de couleur, autour le cordon du Saint-Esprit ; une Culotte en velours bleu; une Hallebarde, fer découpé; Bas rouge et Bas bleu; Chaussure et Coiffure.

44 — *Autre Costume de hallebardier de la chambre du roi* (d'après un croquis de Meissonier).

LOUIS XIII

45 — *Costume de gentilhomme* composé de : Un Pourpoint drap noir, annemargé noir et argent; une Culote drap noir annemargé noir et argent; un Manteau drap noir.

46 — *Costume de conseiller au Parlement*, composé de : Une Robe de soie sergée; un Manteau d'audience, velours noir, garni de moire.

47 — *Trois autres Costumes de conseillers au Parlement.*

48 — *Costume de bouffon du Roi*, composé de : Un Pourpoint en velours de Gênes noir découpé à dents, relevé passementerie or et grelots, manches en velours de Gênes noir, sur fond d'or; une Culotte en velours de Gênes noir, avec passementerie or et grelots; un Manteau velours noir, doublé de moire jaune or.

49 — *Costume de gentilhomme* : un Pourpoint à créneaux, velours grenat, garni passementerie jais; une Culotte à crénaux, velours grenat, garnie passementerie jais.

50 — *Très élégant Costume d'officier de fortune*, composé de : Un Pourpoint en daim gris, annemargé d'or, avec manches de drap noisette ; une Culotte de relours rouge (du xvie siècle) striée d'or ; un Colletin noir à bordure dorée ; un Baudrier ; une Épée ; un Chapeau feutre noir ; Bottes daim gris (Costume très complet, exécuté d'après un croquis de Meissonier).

51 — *Costume de gentilhomme*, composé de : Un Pourpoint damas de soie, broché jaune, à dessins blancs, relevé passementerie en filigrane de soie orange ; garni de nœuds en satin bleu ; une Culotte droite en velours persèque, brodée soie orange, garniture de rubans ; une Cape de velours rouge turc, galonnée d'or, doublée satin, bordée de fourrure fauve.

52 — *Costume de seigneur* : Un Pourpoint satin rose, riche passementerie or ; une Culotte satin rose, riche passementerie or.

53 — *Costume d'officier*, composé de : Un Pourpoint drap gris bleu, annemargé d'argent, boutons grelots. aiguillettes de soie ; une Culotte drap gris bleu, annemargée d'argent, boutons grelots, aiguillettes de soie.

54 — *Costume de cavalier*, composé de : Un Pourpoint en velours rouge brique, aiguillettes et ferrets, manches en velours du xvie siècle ; une Culotte en velours du xvie siècle ; un Manteau drap blanc, annemargé d'or, boutons d'or, doublé en soie grenat.

55 — *Costume de cavalier*, composé de : Un Pourpoint velours grenat du xvie siècle, galonné or ; une Culotte velours grenat du xvie siècle, galonné or ; un Manteau en drap gris, galonné, et boutons grelots.

56 — *Costume d'officier*, composé de : Une Casaque longue à pans découpés, corselet et manches à la-

nières, garnie de soutaches d'or, doublée en soie cannelée ; une Culotte en velours vieux bleu du XVIe siècle.

57 — *Costume de capitaine des Gardes*, composé de : Une Casaque en drap noisette, manches surgalonnées de tresses d'or ; une Culotte velours grenat, annemargée d'or ; une demi-Cuirasse à pointe et cannelée ; un Baudrier ; une Écharpe rouge frangée or.

58 — *Très beau Costume de cavalier*, composé de : Une Casaque en daim jaune, striée de nattes or, manches en satin rose, galonnées or, avec crevés, linge ; Une Culotte velours bleu de France, galonnée en diagonales, avec boutons grelots, aiguillettes, nœud de satin bleu ; un Manteau en drap blanc, revers de drap rouge, annemargé d'or ; Bottes de daim gris ; Chapeau ; Baudrier ; Épée.

59 — *Costume de gentilhomme*, composé de : Un Pourpoint soie noir, galonné passementerie or, broderies en jais, aux armes du roi et à la couronne royale, nœuds aiguillettes ; une Culotte soie noire, galonnée passementerie or, broderies en jais aux armes du roi et à la couronne royale, nœuds, aiguillettes ; un Manteau en peluche noire, doublé soie.

60 — *Casaque d'officier*, à pans, en daim jaune, manches en drap, galonnées vieil argent (Coupe très exacte relevée sur un dessin du temps).

61 — *Costume d'officier*, composé de : Un Justaucorps en drap noisette, doubles manches galonnées or ; une Culotte en velours rouge.

62 — *Costume l'officier*, composé de : Une Casaque en daim gris, annemargée d'or, manches en daim gris, annemagées d'or ; une Culotte en drap rouge.

63 — *Costume de gentilhomme*, composé de : Un Pour-

point soie marron, passementerie or; une Culotte soie marron, passementerie or; un Manteau en velours marron, doublé en soie, richement passementé or.

64 — *Magnifique Costume de cour,* composé de : un Pourpoint en velours de Gênes vert, tissé sur or, richement galonné; une Culotte en velours de Gènes vert, avec boutons en passementerie; un Manteau en Gênes vert, doublé en satin vert.

65 — *Magnifique Costume de cour,* composé de : un Pourpoint satin ivoire, garni de nœuds à ferrets; très belle passementerie or à feuillage; une Culotte satin ivoire, garnie de nœuds à ferrets; très belle passementerie or à feuillage; un grand Manteau en velours de Gênes, fond ivoire, fleurs roses, feuillage vert, doublé satin vert pomme.

66 — *Très beau Costume de cour,* composé de : un Pourpoint en velours de Gènes grenat, tissé d'or, garni de passementerie et nœuds à ferrets; une Culotte en velours de Gênes grenat, tissé d'or, garnie de passementerie et nœuds à ferrets; un grand Manteau en velours de Gènes, à fleurs grenat sur fond or plein, doublé satin blanc, garni de passementerie à l'intérieur.

67 — *Costume de seigneur,* composé de : un Pourpoint à bandes découpées, en soie grise, garni de passementerie et guipure; nœuds satin marron et aiguillettes; une Culotte à bandes découpées, en soie grise, garnie de passementerie et guipure; nœuds satin marron et aiguillettes.

68 — *Costume de cavalier,* composé de : une Casaque à pans, drap noisette, soutachée d'or, manches striées de tresses d'or; une Culotte en velours grenat, boutons grenat.

69 — *Costume de gentilhomme*, composé de : une Casaque en drap jaune, garnie de guipure; une Culotte de velours violet; un grand Manteau en drap noir avec cordelière.

70 — *Manteau* de soie matelassée brochée, doublé en satin noir.

COMÉDIE ITALIENNE

71 — *Costume du Taille-bras :* un Justaucorps, velours lie de vin, coupé de galons de laine jaune, avec fraise Henri IV; une Culotte, velours lie de vin, coupée de galons de laine jaune, boutons grelots; souliers cuir naturel; coiffure; baudrier, épée.

72 — *Costume d'Hidalgo,* composé de : une Casaque en drap noisette, ornée de passementerie noire, manches en soie jaune, brodées marron; une Culotte drap noisette, passementerie noire; un Manteau drap noir.

73 — *Costume de Scaramouche*, composé de : une Souquenille en drap noisette, rayée rouge et bleu; une Culotte longue en drap noisette, rayée rouge et bleu.

74 — *Costume de Bradamante*, composé de : un Pourpoint en satin mauve, strié de gros grain rose, de diverses nuances, manches de velours noir; une Culotte de satin violet.

75 — *Costume de Léandre:* un Pourpoint, en velours de Gênes gris, passementerie grenat; une Culotte en velours de Gênes gris, passementerie grenat.

76 — *Costume du Gracieux :* un Costume de drap blanc, garni de tresses de soie rose, avec pèlerine et fraise.

LOUIS XIV

77 — *Costume de Bourgeois*, composé de : un petit Pourpoint en drap violet; une Culotte en drap violet.

78 — *Costume de Bourgeois*, composé de : un Pourpoint drap noir; une Culotte drap noir; un Tonnelet drap noir, rubans verts et jaunes; un Manteau drap noir.

79 — *Costume de Bourgeois*, composé de : un Pourpoint damas de soie, vert et rose; une Culotte damas de soie, vert et rose; un Tonnelet damas de soie, vert et rose.

80 — *Costume de cour*, composé de : une Veste-Pourpoint, satin couleur blé, manches à lanières, garnies de passementerie or; une Culotte, satin couleur blé, garnies de passementerie or; un Tonnelet, satin couleur blé, garni de rubans marron; un Manteau en velours de Gênes, marron, à fleurs, tissé d'or, garni passementerie or; à revers de peluche et doublé satin crème.

81 — *Costume de cour*, composé de : un Pourpoint satin violet, garni passementerie or et rubans couleur mauve; une Culotte satin violet, garnie passementerie or et rubans couleur mauve; un Tonnelet satin violet, garni passementerie or et rubans couleur mauve.

82 — *Costume de cour*, composé de : un Pourpoint satin vieux rose, passementerie or; une Culotte satin vieux rose, passementerie or; un Tonnelet satin vieux rose, passementerie or, garni de rubans grenat.

83 — *Magnifique Costume de cour*, composé de : un Pourpoint satin marron, passementerie or, rubans

satin grenat; une Culotte satin marron, passementerie or, rubans satin grenat; un Tonnelet satin marron, passementerie or, rubans satin grenat; un Manteau en velours de Gênes, fond marrron, à fleurs roses et vertes, garni de passementerie, doublé de satin marron.

84 — *Costume de cour*, composé de : un Pourpoint satin bleu, passementerie or; une Culotte satin bleu, passementerie or; un Tonnelet, satin bleu, avec rubans, passementerie or; un Manteau en velours vert, passementerie or, doublé satin orange.

85 — *Costume de cour*, composé de : un Pourpoint damas soie verte, passementerie or; une Culotte damas soie verte, passementerie or; un Tonnelet damas soie verte, passementerie or, rubans satin vert.

ÉPOQUE RÉVOLUTIONNAIRE

86 — *Costume de sectionnaire*, composé de : un Habit tiretaine; un Gilet drap rouge; une Culotte toile rayée; Bonnet phrygien rouge à cocarde tricolore.

87 — *Costume de sectionnaire*, composé de : une Carmagnole en tiretaine verte; un Pantalon toile rayée; une Chemise grosse toile; une Ceinture rouge; Bonnet d'Arles (dit Marseillais).

88 — *Costume de sectionnaire*, composé de : une Carmagnole tabac d'Espagne; un Gilet de toile; une Culotte caca d'oie.

89 — *Costume de sectionnaire*, composé de : une Carmagnole gros bleu; une Culotte rouge; un Gilet de toile; une Ceinture rouge.

90 — *Costume de garçon traiteur*, composé de : une Carmagnole rouge, collet bleu; un Gilet bleu à fleurs; une Culotte grise. (D'après Debucourt.)

91 — *Costume de bourgeois,* composé de : une Redingote drap marron; un Gilet en toile imprimée à fleurs; une Culotte noisette claire. (D'après Debucourt.)

92 — *Costume de bourgeois,* composé de : une Redingote drap mastic vert, boutons de métal; un Gilet de toile imprimée à fleurs; une Culotte aurore. (D'après Debucourt.)

93 — *Costume de bourgeois :* un Habit amadou; un Gilet toile rose imprimée; une Culotte gris perle. (D'après Debucourt.)

94 — *Costume de girondin :* un Habit caca d'oie; un Gilet toile imprimée; une Culotte noisette.

95 — *Autre Costume de girondin :* un Habit rouge; un Gilet toile imprimée, doublure tricolore; une Culotte aurore; Chapeau dit : Girondin, à cocarde.

96 — *Autre Costume de girondin:* un Habit vert bronze, à collet, boutons de métal; un Gilet piqué jaune, revers Robespierre; une Culotte gris perle.

97 — *Autre Costume de girondin :* une Redingote terre cuite foncée, boutons plats, rouges; un Gilet à fleurs; une Culotte grise.

98 — *Autre Costume de girondin* : un Habit bleu azuré; un Gilet piqué jaune; une Culotte gris poussière.

96 — *Très joli Costume de muscadin :* un Habit turquoise, boutons acier taillé; un Gilet à petits carreaux imprimés, boutons cuivre; une Culotte beurre frais; Coiffure.

100 — *Très joli costume de muscadin :* une Redingote à crans, bleue, boutons nacre; un Gilet en piqué à fleurs, brodé d'une frange; une Culotte couleur poil de chèvre; Coiffure.

101 — *Costume de muscadin :* une Habit vert tendre, collet velours, boutons cuivre ; un Gilet piqué, boutons métal ; une Culotte de cheval.

102 — *Costume d'un membre du tribunal révolutionnaire :* un Habit lasting noir ; Gilet et Culotte en lasting noir ; un petit Manteau drap noir ; Ruban tricolore avec médaille ; Chapeau à cocarde.

103 — *Costume d'un membre du tribunal révolutionnaire :* analogue au précédent.

104 — *Costume d'artilleur* (1793), un Habit tiretaine, revers et garniture drap rouge ; un Gilet drap blanc ; une Culotte drap blanc ; Guêtres noires ; un Casque noir à chenille.

105 — Autre Costume analogue.

106 — *Costume de Soldat de la Garde Nationale* (1793), un Habit tiretaine, revers et garniture drap bleu ; un Gilet drap blanc ; une culotte drap blanc ; Guêtres tricolores ; Chapeau à cocarde.

107 — Costume analogue au précédent.

108 — *Costume de Sergent,* un Habit de drap, poignets, plastron en drap rouge, revers drap blanc ; un Gilet drap blanc ; une Culotte drap blanc ; Guêtres tricolores ; Chapeau.

109 — *Costume d'Officier,* un Habit de drap, poignets et plastrons en drap rouge, revers drap blanc ; un Gilet drap blanc ; une Culotte drap blanc ; Bottes à revers ; Chapeau.

110 — *Costume d'Officier,* au précédent.

111 — *Costume de Commissaire de la Commune,* un Habit drap bleu, collet et parements drap rouge ; une Culotte drap bleu plus clair ; Écharpe tricolores ; Bottes à revers ; Chapeau.

112 — *Costume de Postillon* (1796) composé de : une Veste drap bleu, revers rouges; une Culotte de peau; Bottes à chaudron; un Gilet rayé; un Chapeau en toile cirée.

Ces divers costumes ont été exécutés d'après les documents du Musée Carnavalet.

RESTAURATION

113 — *Costume Élégant,* un Habit en drap bleu de France, boutons métal; un Gilet en drap gris gorge de pigeon, brodé soie et chenille; une Culotte ventre de biche.

114 — *Costume Élégant,* une Redingote vert russe, boutons de métal; un Gilet à dessins; un Collant gris.

115 — *Costume de Soirée,* un Habit noir à crans; un Gilet soie blanche, transparent rose; un Collant noir à boutons.

116 — *Costume de Soirée,* un Habit noir; un Gilet satin blanc broché d'or, transparent velours grenat; un Collant noir à boutons.

COSTUMES ORIENTAUX

117 — *Très beau Costume de Femme chinoise,* composé de : un Pardessus, un Pantalon crêpe de Chine et satin blanc, brodé de soies de couleur, avec rubans appliqués, doublé de satin rouge.

118 — *Très beau Costume de Femme japonaise* en satin, violette de Parme, brodé de soie de couleurs, doublé de satin violet, composé de : une Robe de dessous en étamine, relevée de satin rouge; une Robe de dessus.

119 — *Très beau Costume de japonaise*, composé de : une Robe de dessous en étamine et satin blanc; une Robe de dessus en satin bleu ciel; brodée de soie de couleur et doublée de satin rouge de Chine.

120 — *Robe japonnaise* (authentique) en crêpon, soie rouge, tissé de dessin crème.

121 — *Costume de femme du peuple chinois*, en toile de Chine imprimée, composé de : un Pantalon; une Veste.

122 — *Costume chinois (mandarin)*, composé de : une Robe de dessous, satin jaune, brodée de soie de couleur; une Robe de dessus, satin rouge, brodée de chimères, et soie de couleur.

123 — *Très beau Costume chinois*, composé de : une Robe de dessous, satin bleu de roi, brodée soie de couleur; une Robe de dessus, satin bleu plus clair, couverte de broderies de couleurs.

124 — *Très beau Costume japonais*, composé de : un large Pantalon en satin violet, brodé or et soie de couleur; une Robe de dessus, en étoffe japonaise jaune, brodée de roues bleues; une Pèlerine satin violet, brodée soie de couleur.

125 — *Magnifique Costume de Rajah indien*, composé de : une Robe en satin et soie jaune, de nuances différentes, entièrement couverte de broderies, argent et pierres de strass; un Gilet de dessous et manches en satin et soie jaune, de nuances différentes, entièrement couvert de broderies, argent et de pierres de strass; un Colletin en soie verte, couvert de pierreries; une Coiffure.

126 — *Costume de petit prince indien*, en soie blanche, brodé de perles d'or et pierreries.

127 — *Costume de prince de la cour de Siam*. Un Pagne

satin vert indien, brodé d'or, pierres de couleur; un Pectoral satin jaune, brodé soie de couleur, relevé d'or, perles, galonné.

128 — Un Costume analogue au précédent.

129 — *Robe de Rajah*, soie jaune, brodée de perles or, avec colletin et revers en satin vert, galonnée.

130 — *Deux autres Robes de Rajah*, analogues à la précédente.

131 — *Costume de serviteur indien* : une Robe de foulard de l'Inde, rouge à dessins jaunes, galonnée or, un Pectoral de foulard de l'Inde, rouge à dessins jaunes, galonné or.

132 — *Trois autres semblables.*

133 — *Un Cafetan indien*, en soie rose, brodé avec avec garniture châlis de couleur.

134 — *Trois autres Cafetans* semblables.

135 — *Costume de serviteur indien*, composé de : un Cafetan, toile de l'Inde rayée de couleurs; un Pantalon.

136 — *Autre Costume* semblable.

137 — *Costume indien*, composé de : un Cafetan étoffe soie, rayé blanc, vert, rose; un Gilet de dessous; un Pantalon.

138 — *Série de sept Costumes*, peuple hindou, composés de : une Robe; un Pantalon en foulard de l'Inde, couleurs et dessins variés.

139 — *Costume de femme hindoue*, composé de : un Pagne, une Veste soie verte galonnée, avec grosse agrafe de pierreries.

140 — *Costume d'esclave hindou*, composé de : une Chemise de Châlis, rayée de couleurs; une Ceinture de Châlis verte.

141 — *Costume de femme Kabyle,* composé de : une Blouse en étoffe arabe bleue, rayée ; une Ceinture bleu clair ; un Bonnet Kabyle.

142 — *Burnous en châlis blanc.*

143 — *Costume de marchand arabe* en drap vert, composé de : une Veste ; un Gilet en soie d'Alger ; un Pantalon.

144 — *Costume de marchand arabe* en drap violet, rayé noir, composé de : une Veste ; un Gilet, étoffe de Brousse ; un Pantalon.

145 — *Costume* analogue en drap bleu, composé de : une Veste ; un Gilet jaune, étoffe de Brousse ; un Pantalon.

146 — *Costume de marchand arabe* en drap marron, composé de : une Veste ; un Gilet rayé, vert et jaune ; un Pantalon.

COSTUMES DIVERS

147 — *Costume de clown,* composé de : un Pourpoint ; une Trousse, en andridople rouge, avec appliques papillons.

148 — *Costume* semblable.

149 — *Costume de clown* à carreaux rouges et jaunes.

150 — *Costume de clown* blanc, avec appliques d'animaux de diverses couleurs.

ARMURES ET PIÈCES D'ARMURES

151 — *Une Armure de Reître* (Louis XIII), composée de : une Cuirasse ; deux Épauloires ; deux Tassettes ; un Casque à oreillettes, en fer noir ; une Casaque de dessous, à manches drap vert, galonnées ; une

Culotte en drap marron; une grande Poudrière; une petite Poudrière, sac à balles, etc., (harnachement).

151 *bis* — *Autre Armure* semblable.

152 — *Armure flamande du XVIe siècle,* composée de : une Cuirasse à tassettes; une paire d'Épaulières; un Colletin; un Casque, en fer noir, avec gaudrons et arêtes en acier poli.

153 — *Armure flamande* analogue à la précédente.

154 — *Armure du XVe siècle,* composée de : une Cuirasse à tassettes; un Colletin; deux Brassards à épaulières; une paire de Jambières; une paire de Gantelets; un Casque.

155-157 — Trois autres Armures du xve siècle dans le genre de la précédente.

158-159 — Deux paires de Gantelets, avec nœuds, des mains, doigts articulés.

160-165 — Douze paires d'Éperons divers. De diverses époques.

ARMES A LA MAIN

ARMES DE PANOPLIES

166 — Trois Poignards écossais.

167 — Trois Poignards indiens.

168 — Deux Sabres indiens; poignées cuivre doré : Fourreaux en velours bleu et grenat, pierres de couleur.

ARMES D'USAGE

169-174 — Cinq Kandjiars indiens, poignée cuivre.

175 — Riche Poignard indien; gaîne en cuivre; poignée avec pierres.

176 — Dague Louis XIII, fourreau cuir naturel.

177 — Dague Louis XIII, fourreau cuir noir.

178-179 — Deux Claymores écossaises, poignées en fer découpé.

180 — Grande Épée Louis XIII, garde en cuivre, fourreau velours grenat.

181 — Grande Épée Louis XIII analogue.

182 — Épée Louis XIII, garde argent, fourreau cuir noir.

183 — Épée Louis XIII, garde cuivre, fourreau cuir noir.

184 — Très jolie Épée Louis XIII, garde en fer natté, fourreau en cuir naturel.

185 — Très belle Épée du XVIe siècle, garde découpée fourreau cuir naturel, ceinturon cuir naturel clouté.

186 — Très belle épée Moyen Age à croisette, garde en fer, fourreau et ceinturon en cuir naturel.

187 — Sabre indien, riche poignée, ornée de pierres.

188 — Sabre indien, garde en cuivre.

189-191 — Six Sabres hindous, fourreau en velours rouge, poignée en cuivre sans garde.

192 — Trois Sabres hindous, plus riches, poignée avec garde.

193 — Quatre Sabres hindous, poignée et garde en fer fourreau cuir naturel.

194 — Paire de Fleurets à croisettes.

195 — Deux paires de Fleurets de combat avec garde.

196 — *Magnifique Épée royale*, poignée et garde en cui-

vre doré, ciselé, avec pierreries, fourreau en cuir blanc. (Reproduction de l'épée de François Ier qui est au Musée d'artillerie.)

197 — Grande Épée de bourreau à deux mains.

198-199 — Deux Hallebardes Louis XIII, fer découpé.

200-203 — Quatre Fauchards rouges du xve siècle.

204-207 — Quatre Fauchards du xve siècle.

208-209 — Deux grands Fauchards du xive siècle.

210-213 — Quatre Hallebardes Louis XIII, fer découpé.

214-215 — Deux Mousquets avec leurs fourchettes.

216-219 — Quatre Arbalètes du xve siècle avec boîtes à flèches et tirants.

220-225 — Six Boucliers indiens à cornes, doublés velours grenat.

BIJOUTERIE DE THÉATRE

226 — Sept Coiffures almées, ornées de turquoises, rubis, etc.

227 — Diadème égyptien, orné de diamants, rubis, émeraudes, etc.

228 — Deux Auréoles (Moyen Age).

225 — Casque hindou, à pointe, orné de pierres de couleur.

230 — La Couronne du *Roi de Siam*, magnifique Casque indien à ailettes, en métal doré, orné de pierres de toutes couleurs.

231 — Nimbe de vierge Byzantine, belle pièce en cuivre découpé, orné de pierres de couleur.

232 — Petit Diadème de front (Romain), métal doré, avec topazes.

233 — Deux Jupes persanes, en perles dorées et cannelées.

234 — Huit Casques égyptiens, en Métal doré avec ailettes en cuivre découpé.

235 — Quatre Casques indiens à pointe, avec couvre-nuque en cuivre ornés de perles et de passementerie d'or.

236 — Anneau de sorcière formé de deux serpenteaux.

237 — Un Cercle d'or avec émeraude, et motif de milieu et pendentifs en perles.

238 — Coiffure persane argentée, avec oreillères dorées, perles et turquoises.

239 — Quatre Ceintures, cuivre doré.

240 — Trois paires Bracelets, métal argenté, nickelé, avec grosses perles et turquoises.

241 — Bracelet de ceinturion romain.

242 — Deux Cache-oreilles indiens, ornés de perles et saphirs.

243 — Grande Agrafe ronde, métal argenté, orné de perles et turquoises.

244 — Neuf Bracelets ornés d'opales.

245 — Six Agrafes de ceinture, argent découpé, ornés de pierres de couleur.

246 — Cinq paires d'Agrafes, en métal argenté avec saphirs.

247 — Six autres paires d'Agrafes, avec émeraudes.

248 — Deux autres paires d'Agrafes avec strass.

249 — Autres paires d'Agrafes avec rubis.

250 — Lot de Chaînes de gilet et breloques.

251 — Deux Demi-Chaînes dorées, breloques et clef de cornaline.

252 — Chaînes de gilet avec clef, cachet et breloques.

253 — Trois Chaînes de gilet ornées de pierres de couleur.

254 — Treize Agrafes, ornées de perles, turquoises, etc.

255 — Quatre Coulants de ceinture, pendantifs cuivre doré.

256 — Six grandes Plaques, forme cœur, émail, turquoise.

257 — Dix paires Agrafes, cuivre doré.

258 — Huit Rosaces, cuivre doré avec saphirs.

259 — Deux Colliers de perles en poire, montées sur chaînette.

260 — Paire Boucles d'oreilles rondes, perles et turquoises.

261 — Collier, perles en poire et saphirs, chaînette sur métal.

262 — Paire de Boucles d'oreille de Rajah.

263 — Collier double-tour, médailles entremêlées de pendantifs, rosette émeraude, genre Campana.

264 — Collier, cuivre découpé, avec toison d'or.

265 — Rivière, gros diamants strass (monture *argent doré).*

266 — Quatre Broches-épingles, scarabés.

267 — Agrafe, métal niellé.

268 — Quinze Couvre-seins, Bayadère, métal doré orné de pierres.

269 — Deux Flacons agate.

270 — Parure ancienne, composée de : un Collier; une Broche; deux Boucles d'oreilles aigues-marine serti sur cuivre filigrané et doré.

271 — Belle Ceinture châtelaine, composée de sept Motifs, en cailloux du Rhin.

Ces deux Parures 270 et 271 ont appartenu autrefois à Mlle Georges, et proviennent de sa vente.

272 — Dix Nœuds Louis XIII.

273 — Épingle, métal doré, avec pierres, rubis et diamants.

274 — Petite Couronne de chignon.

275 — Motifs, filigrane doré.

276 — Deux Breloques, rubis et perles.

277 — Collier de perles, avec agrafe saphirs.

278 — Devant de Ceinture, pierres de couleur.

279 — Lot d'Épingles de tête, pierres de couleur.

280 — Garniture de six Boutons, Louis XVI, sur fond d'émail bleu.

281 — Croix de commandeur de la Légion d'honneur.

282 — Décorations : François Ier, Naples.

283 — Décoration : le Lion et Soleil de Perse, strass et émail.

284 — Deux Médailles militaires (vraies).

285 — Deux petites Idoles indiennes, dorés et ciselés.

OBJETS DIVERS

286 — Deux Selles arabes, garnies en cuir rouge avec harnachement et étriers plats.

287 — Tapis de selle, velours grenat, galonné de soie jaune.

288 — Bande de drap rouge, frangée or.

289 — Deux Tambours (Époque révolutionnaire.

290 — Une paire de Timbales (XVIIIe siècle).

291 — Un lot de Dragonnes or et argent.

292 — Un lot Aiguillettes de livrées et d'épaulettes, or et argent.

293 — Huit paires Épaulettes (Marine) : général russe, amiral, capitaine, lieutenant.

294 — Trois Trompettes (Louis XIII).

295 — Clairon et une paire de Cimbales.

296 — Deux Cannes de coureurs Hindous, en cuivre guilloché.

297 — Deux Crosses d'évêque.

298 — Deux Sacs-Pannetières en cuir, avec appliques de couleur.

299 — Huit Escarcelles en cuir naturel, avec ceinturon, ornées de clous d'acier.

300 — Trousse de cuisinier bavarois.

301 — Ceinturon argent doré (officier de marine).

TAPIS DE TABLE

302 — Magnifique Tapis Louis XIII, en velours bleu de France, frappé sur le plateau; les pans galonnés et frangés d'or, brodés de fleurs de lys d'or, en relief. Le pan de face blasonné aux armes du roi; brodées en relief, soie de couleur, or et argent, avec cordon du Saint-Esprit.

303 — Tapis velours jute bleu foncé, avec dessin Moyen

Age : les *Chiens de Cluny*, rehaussé et serti de fils d'or.

304 — Grand Tapis de velours noir, à pans, galonné, agrafé et frangé de laine, aux couleurs espagnoles (jaune et rouge).

305 — Petit Tapis oriental, satin vert, brodé de soie de couleur, rehaussé d'or et de paillettes, frangé d'or et soie de couleur.

OUVRAGES SPÉCIAUX

RELATIFS A L'ART DU COSTUME

306 — **Racinet**. *Le Costume Historique*. 9 vol. in-fol. belle demi-rel. dos et coins de maroq. bleu, pl. montées sur onglets.

Précieux exemplaire classé d'une façon toute spéciale en vue de l'amateur du costume.

Tous les costumes sont classés par époque et chaque époque porte un titre spécial rubriqué en rouge et bleu propre à faciliter les recherches.

307 — **Raphaël Jacquemin**. *Iconographie générale et méthodique du Costume du IVe au XIXe siècle (315-1815)*, collection gravée à l'eau-forte d'après des documents authentiques et inédits. *Paris, l'Auteur*. 3 vol. in-fol., demi-rel., dos et coins de maroq., tête dor. non rog., pl. mont. sur onglets.

Bel exemplaire contenant 200 planches coloriées au pinceau.

308 — *Costumes du XVIIIe siècle. Ajustements et Coiffures, Costumes en Pied*, d'après les dessins de Watteau, *fils*. Cochin, Desrais, etc., etc. *Paris*, 1875, 2 parties en un vol. gr. in-4. maroq. fauve dos orn.

larg. dent. sur les plats, milieux dor. aux petits fers. dent. int. tête dor. n. rog, pl. montées sur onglets.

Très bel exemplaire contenant les 40 eaux-fortes de Guillaumot, finement coloriées.

309 — *Costumes des différentes Nations modernes*. Collection Philippon. 3 vol. in-4, demi-rel. maroq. La Vall. pl. mont. sur onglet.

Première édition bien complète comprenant 444 planches de premiers coloris. Les planches sont classées par pays et en tête de chaque volume une table facilitant les recherches.

310 — *Modes et Costumes historiques* dessinés et gravés, par Pauquet frères, d'après les meilleurs maitres de chaque époque et les documents les plus authentiques. *Paris*, 1 vol. gr. in-4, demi-rel. dos et coins de maroq. La Vall. tête dor. n. rog., pl. mont. sur onglets.

Collection de 96 planches finement coloriées.

311 — *Costumes Etrangers anciens et modernes* (1467 à 1868) dessinés et gravés par Pauquet frères. 1 vol. gr. in-4, demi-rel. dos et coins de maroq. La Vall. pl. mont. sur onglets.

82 planches du premier coloris.

312 — *Galerie de Modes et Costumes français, règne de Louis XVI*, dessinés d'après les originaux par Sorrieu, in-4, de 24 pl. — *Modes et Costumes de la fin du XVIIIe siècle*, par Compte-Calix, 31 pl. *Toilettes de nos Grand'Mères*, d'après les meilleurs journaux du Temps, 1801-1830. 20 pl. Ens. un vol. gr. in-4, demi-rel., dos et coins de maroq. La Vallière, pl. mont. sur onglets.

Ensemble 75 planches coloriées.

313 — **Grévin**. *Les Filles d'Eve*, album de travestissements plus ou moins historiques *(Costumes de*

Féeries), *Paris*, *Philippon*, in-4, obl. couverture illustrée, 23 pl. col. demi-rel. dos et coins de maroq. pl. mont. sur onglets.

314 — *Costumes anciens et moderne* de Vecellio. *Paris*, *Didot*, 1860, 2 vol. in-8, fig., demi-rel., dos et coins de maroq. bleu, tête dor., n. rog.

315 — **Jullien.** *Histoire du Costume au Théâtre*, ouvrage orné de 27 gravures et dessins originaux. *Paris*, *G. Charpentier*, 1880, gr. in-4, fig., demi-rel. cuir de Russie, tête dor., n. rog.

316 — **Quicherat.** *Histoire du Costume en France*, ouvrage orné de 481 fig. *Paris*, *Hachette et Cie*, 1875, gr. in-8, demi-rel., dos et coins de maroq. bleu, tête dor., non rog.

Première édition.

317 — **Lacroix.** (Paul). *Les Arts au Moyen Age.* — *Mœurs, Usages et Costumes.* — *Vie Militaire et Religieuse. Paris*, *Didot frères*, 1874-1876, 3 vol. gr. in-8, demi-rel., dos et coins de maroq. La Vallière, tête dor., non rog.

Planches noires et coloriées.

318 — **Lacroix.** *XVIIIe siècle, Institutions, Usages et Costumes de France. Paris*, *Didot frères*, 1875, gr. in-8, demi-rel., dos et coins de maroq. La Vallière, tête dor., non rog.

Planches noires et coloriées.

AQUARELLES, DESSINS, ESQUISSES

319 — **Le Courrier de Lyon.** Suite de 25 grandes Aquarelles de Th. Thomas, représentant les divers personnages de la pièce.

Charmantes aquarelles très finement exécutées, qui forment une série de petits tableaux.

320 — **Costumes Japonais**. Quatre aquarelles originales de Th. Thomas.

321 — **Costumes Russes et Tartares.** Collection très complète d'aquarelles originales de Th. Thomas, reproduisant les types Russes et Tartares.

Aquarelles très fines et d'une grande originalité.

1. *Types populaires*. Suite de trente aquarelles originales. Hommes et Femmes du Peuple, Bourgeoisie, Marchands, Dames de la Cour. Cinq dessins ou croquis; en tout : *trente-cinq* pièces.

2. *Types militaires*. Suite de douze aquarelles originales avec détails sur la coupe des uniformes.

3. *Grand Ballet russe*. Suite de huit aquarelles originales.

4. Tartares. *Types tartares de toutes les races libres ou soumises à la domination russe*. Suite très curieuse de quinze très belles aquarelles originales.

5. *Grand Ballet tartare*. Suite de vingt aquarelles.

322 — **Ruy-Blas.** Suite de six aquarelles originales d'Alfred Albert.

323 — **Un Drame sous Philippe II**. Odéon, 1875. Suite de trente aquarelles originales de Th. Thomas.

324 — **Joseph Balsamo.** Odéon, 1878. Suite de quarante-quatre aquarelles originales de Th. Thomas et de douze croquis du même. Ensemble cinquante-six pièces.

325 — **Mauprat.** Odéon. Suite de treize aquarelles origiuales de Th. Thomas.

326 — **Les Noces d'Attila**. Odéon, 1880. Suite de quarante-quatre aquarelles originales de Th. Thomas et dix dessins ou croquis, en tout : quarante-cinq pièces.

327 — **Le Troisième Larron.** Odéon, 1875. Suite de six aquarelles originales de Th. Thomas.

328 — **Costume. Moyen Age et Renaissance.** Collection de cinq aquarelles originales et de vingt dessins et esquisses. Ens. vingt-cinq pièces.

329 — **Costumes des époques Louis XIII, Louis XIV Louis XV.** Collection de quinze aquarelles originales et de douze dessins et esquisses. Ens. vingt-sept pièces.

330 — **Costumes de l'époque Révolutionnaire, Directoire, Restauration.** Collection de deux aquarelles originale et dix dessins et esquisses. Ens. douze pièces.

331 — **Divers.** Collection de dix aquarelles originales et dix dessins et esquisses. Ens. vingt pièces.

332 — Un grand Album relié, contenant quelque gravures et découpures.

333-335 — Trois grands Albums bien reliés, tranches dorée, à pages blanches, pour placer des dessins de costumes.

www.ingramcontent.com/pod-product-compliance
Ingram Content Group UK Ltd.
Pitfield, Milton Keynes, MK11 3LW, UK
UKHW022153170726
13837UKWH00004B/1959